AF586442

TABLE
DES EDITS, DECLARATIONS,
ARRESTS ET REGLEMENS
CONCERNANT
LES DOMAINES.

Rendus pendant la Cinquiéme Année du Bail de Me NICOLAS DESBOVES.

Commencée le premier Octobre 1736. & finie le dernier Septembre 1737.

A PARIS;
Chez PIERRE PRAULT, Imprimeur des Fermes & Droits du Roy, Quay de Gêvres, au Paradis.

M. DCC. XLII.

TABLE

DES EDITS, DECLARATIONS, ARRESTS ET REGLEMENS,

Rendus pendant la Cinquiéme Année du Bail de Me NICOLAS DESBOVES.

Commencée le premier Octobre 1736. & finie le dernier Septembre 1737.

CONCERNANT les Domaines de France, Controlle des Actes des Notaires, Petits-Scels, Insinuations Laïques, Centiéme Denier, Controlle des Exploits, Greffes, Amortissements, Francs-Fiefs & nouveaux Acquêts & Droits reservés dans les Cours & Jurisdictions, par les Edits des mois d'Aoust 1716. Janvier & Novembre 1717. & rétablis par la Déclaration du 15 May 1722.

Du 16 Octobre 1736.

* RREST du Conseil, qui ordonne que le Droit d'Insinuation des Quittances d'Amortissemens, dont les contraintes pour le Droit d'Amortissement auront été décernées & signifiées pendant le cours des Baux finis au dernier Decembre 1732. appartiendra aux

Fermiers desdits Baux, dans quelque tems que les Quittances soient expediées, & qu'il en sera usé de même pour les Fermiers du Bail actuel & pour les suivans.

Du 6 Novembre 1736.

Arrest du Conseil, qui ordonne que par le Sieur Intendant & Commissaire départi en Alsace, il sera incessamment procedé, après les publications ordinaires & en presence des Parties interessées où elle dûement appellées, à la vente & adjudication au plus offrant des Vins, Grains & autres effets périssables de la succession du sieur Hund, originaire de Pays Etranger, décedé à Saverne le 3 Janvier 1736. & que les deniers provenans de ladite vente, seront remis au Receveur General des Domaines & Bois de ladite Province, qui en restera dépositaire pour les remettre à qui il sera ordonné.

Du 11 *Decembre* 1736.

Arrest du Conseil, qui accorde aux Sous-Fermiers & Laboureurs des Villages dépendant de la Ferme des Domaines de Belle-Isle en Mer, pendant l'année 1735. une indemnité de la somme de deux mille livres, pour les dédommager des pertes que leur ont causées les pluyes continuelles & les grands vents, de laquelle somme il sera tenu compte par le Fermier principal du Domaine de Belle-Isle, & à lui par Nicolas Desboves Fermier General des Fermes-Unies, auquel il en sera pareillement tenu compte par le Roy.

Du 18 *Decembre* 1736.

* Arrest du Conseil, qui évoque en icelui l'Instance pendante en la Chambre du Domaine, entre les nommez Jean Dambry, Marchand Meûnier-Farinier, demeurant au Moulin neuf Paroisse de Chambly & Adrien Godart, aussi Marchand Meûnier-Farinier du Moulin du Mesnil-Sainte-Honorine, & Françoise Papelin, veuve de Jacques Dufour, Fermiere des Droits de péa-

ges qui se perçoivent dessus & dessous le Pont de Beaumont-sur-Oyse, pour raison des Droits par elle prétendus contre lesdits Dambry & Godart, à cause des voitures qu'ils y ont fait passer & repasser chargées de Farines & de pain, & ordonne l'execution de l'Arrest du 9 Aoust 1735. par lequel il a été fait défenses à ladite veuve Papelin & à tous autres Fermiers des Droits de Péages & travers, dessus & dessous le Pont de Beaumont, de percevoir aucuns Droits sur les Bleds, Grains, Farines & Legumes, verds ou secs qui y passent & dans l'étendue du Comté de Beaumont, à peine de restitution & d'être poursuivis extraordinairement.

Du 12 Janvier 1737.

* Arrest de la Cour de Parlement, qui ordonne qu'à l'avenir les taxes & salaires pour la conduite des Prisonniers, seront réduits à l'ancienne fixation de quatorze livres, par jour pour chaque Prisonnier, à raison de huit lieues en Hyver & dix lieues en Eté, & ce, comme avant l'Arrest de ladite Cour du 31 Aoust 1723. & autres rendus en conséquence, & que pareillement le port des procedures qui seront apportées au Greffe de ladite Cour, ou qui seront portées dudit Greffe quand il n'y a point de Prisonniers, sera taxé comme il l'étoit avant lesdits Arrests, sauf neanmoins à augmenter selon la qualité & condition des prisonniers, pour lesquels il seroit besoin d'une Escorte plus considérable que celle accoûtumée, lequel excedent ne pourra être taxé & ordonné qu'en vertu d'Arrest sur piéces communiquées au Sr Procureur General.

Du 25 Janvier 1737.

* Arrest du Conseil, par lequel Sa Majesté, sans s'arrêter à l'Arrest de la Cour des Aydes du 4 Févrir 1736. évoque à soy & à son Conseil l'appel interjetté par les Afféeurs & Collecteurs de la Paroisse de Vouzier Election de Rethel-Mazarin, de l'Ordonnance de l'Intendant de Champagne du 14 May 1735. rendue au profit de Richard Roger, Controlleur des Actes des Notaires audit lieu de Vouzier, par laquelle la cotte de la Taille dudit

Roger a été réduite de cinquante livres à quarante livres, & que les Parties remettront incessamment leurs Requestes & Piéces és mains du Controlleur General des Finances, pour à son rapport être par Sa Majesté statué sur le tout ainsi qu'il appartiendra ; & cependant ordonne l'execution de ladite Ordonnance par provision.

Des 29 Janvier & 17 Decembre 1737.

* Arrests du Conseil, qui cassent un Arrest du Conseil de Roussillon, du 30 Janvier 1736. comme contraire à l'Article IX. du Titre de la Jurisdiction de l'Ordonnance des Eaux & Forêts du mois d'Aoust 1669. ordonne l'execution d'un Décret décerné en la Maîtrise de Quillan ; fait défenses audit Conseil de Roussillon, de rendre à l'avenir de pareils Arrests & aux Parties de se pourvoir ailleurs qu'aux Maîtrises pour raison des cas concernant la matiere des Eaux & Forests.

Du 29 Janvier 1737.

* Arrest du Conseil, qui juge que les Fermiers du Domaine du Roy, ne sont point obligés pour le payement des Droits de Franc-Fiefs, de s'en tenir aux liquidations faites lors des précedens recouvremens ; & qu'ils peuvent, si bon leur semble, faire proceder à l'estimation du revenu des biens sujets ausdits Droits.

Du 4 Février 1737.

* Jugement arbitral, servant de liquidation entre les co-Propriétaires du Greffe en chef des deux Chambres des Requestes du Palais à Paris.

Des 15 Novembre 1735. *& 26 Févrer* 1737.

* Arrests du Conseil, qui ordonnent que lors des ventes & ad-

judications des Bois appartenans à Sa Majesté, qui seront faites par les sieurs Grands-Maîtres, ou les Officiers des Maîtrises particulieres des Eaux & Forests, les Receveurs particuliers desd. Maîtrises, auront, en l'absence desdits Receveurs Generaux, la même séance & le droit de representation que lesdits Receveurs Generaux.

Du 26 Février 1737.

* Arrest du Conseil, en faveur des Receveurs Generaux des Finances, par lequel en execution de l'Arrest du Conseil du 3 Juin *1669.* & de l'Edit de Juin 1704. défenses sont faites à tous saisissans sur les Gages, Droits, Augmentations de Gages, Rentes, Remboursemens & autres charges employées dans les Etats des Finances de Sa Majesté, de faire assigner les Receveurs Generaux des Finances, devant d'autres Juges que les Officiers des Bureaux des Finances de leurs Generalités; ordonne que pour la sûreté des Créanciers saisissans, ils seront tenus conformément à la Déclaration du Roy du 19 Mars *1661.* de laisser pendant vingt-quatre heures, aux Bureaux des Receveurs Generaux, les Originaux des Exploits de saisies qui seront faites entre leurs mains, au pied desquels Exploits ils signeront leurs Déclarations des sommes dûes & employées dans les Etats des Finances, au profit des Parties prenantes & saisies, même des saisies précedentes qui pourroient avoir été faites entre les mains desdits Reoeveurs Generaux sur les mêmes parties.

Du 26 Février 1737.

* Arrest du Conseil, qui fait défenses aux Officiers de la Table de Marbre de Roüen, de connoître en premiére instance d'aucune des matiéres d'Eaux & Forests, Pêche & Chasse, & de recevoir aucun Garde desdits Eaux & Forests, Pêche & Chasse, à peine de nullité, & de tous dépens, dommages & interests.

Du 26 Février 1737.

* Arrest du Conseil, qui déboute le sieur Boussion du Coudray,

de sa demande en décharge du Droit de Franc-Fief, qu'il prétendoit comme Habitant de la Ville d'Angers. Ordonne que nul Roturier ne pourra se prétendre exempt du Droit de Franc-Fief, en vertu de l'Arrest du Conseil du 19 Septembre 1730. s'il n'est originaire de ladite Ville d'Angers & n'y a son domicile établi, ou si n'en étant point, il n'y fait sa résidence actuelle, & n'y paye les charges & impositions depuis dix années consécutives.

Du 15 Mars 1737.

* Sentence rendue par le Prevôt des Marchands & Echevins de la Ville de Paris, qui condamne Jean Aurelle Maître Tailleur d'Habits, Propriétaire d'un terrain sis au bout de la ruë Saint Dominique, Faux-bourg Saint Germain, en trois mille livres d'amende, applicables à l'Hôpital General, pour avoir construit sur ledit terrain une voute de cave & fondé des Murs pour élever une Maison; ordonne la démolition desdites constructions, la confiscation des matériaux, & la reünion de la place au Domaine du Roy; condamne le nommé Carré Maître Maçon, en mille livres d'amende, & le déclare déchû de sa Maîtrise, pour avoir entrepis de construire ledit Bâtiment.

Du 15 Avril 1737.

* Arrest du Conseil, qui ordonne l'execution de celui du 29 Septembre 1634. & en conséquence que les Officiers des Eaux & Forests de la Ville du Mans, precéderont ceux de l'Election en toutes assemblées publiques & particulieres, avec défenses de les y troubler à l'avenir; condamne les Officiers de l'Election du Mans aux dépens, & sur le surplus des demandes met les Parties hors de Cour.

Du 15 Avril 1737.

* Arrest du Conseil, qui casse & annulle un Arrest du Grand Conseil, du 9 Aoust 1728. par lequel le sieur Marquis d'Averne, Seigneur Engagiste du Domaine d'Orbec, avoit été maintenu

dans le Droit de presenter aux Benefices dépendans de ce Domaine.

Nota. Cet Arrest juge que le Droit de Patronage appartient au Roy, à l'exclusion de l'Engagiste, encore que ce Droit ait été compris dans les Contrats d'alienation passés en execution de l'Edit du mois de Mars 1695. c'est une interpretation ou extention de la révocation des alienations du Droit de Patronage, portée par Edit du mois de May 1715. qui semble ne comprendre que les alienations faites en execution de l'Edit du mois d'Avril 1702. ou autres Edits & Déclarations intervenus en conséquence.

Du 16 Avril 1737.

Arrest du Conseil, qui ratifie tout ce qui a été fait par Messieurs les Commissaires du Conseil, pour l'acquisition du Duché-Pairie de Châteauroux & Droits en dépendans, vendu à Sa Majesté par M. le Comte de Clermont & Reglement pour la Régie & administration de la Terre de Châteauroux & revenus en dépendans, *contenant sept Articles.*

Du 30 Avril 1737.

* Arrest du Conseil, qui en interprétant l'Article XIV. du Reglement du 29 Aoust 1730. pour les Bois de la Province de Franche-Comté, ordonne que les Parties contre lesquelles il sera intervenu dans les Maîtrises particulieres des Eaux & Forests de ladite Province, des Sentences portant condamnations d'amendes, restitutions & autres peines, seront tenuës à l'avenir de faire signifier aux Gardes Generaux, Collecteurs des amendes desdites Maîtrises, les appels qu'elles en auront interjetté à la Chambre des Eaux & Forests établie près le Parlement de Besançon & les Jugemens de décharges ou moderations qui seront intervenus sur lesdits appels, à peine de payer les frais qui auront été faits contre elles par lesdits Gardes Generaux & Collecteurs des amendes, faute de leur avoir fait faire lesdites significations dans le tems prescrit par l'Article V. du Titre VI. de l'Ordonnance de 1669.

Du 30 Avril 1737.

* Arreſt du Conſeil, qui défend aux Portiers, Gardes, & à toutes perſonnes d'envoyer ou mener paître aucunes Vaches ou Beſtiaux dans le Parc de Vincennes, à peine de cinquante livres d'amende, ny de donner aucune permiſſion d'en faire pâturer, & déclare nulles celles qui ont été données.

Du 7 May 1737.

* Lettres Patentes, *regiſtrée en Parlement le 7 Juin ſuivant*, qui ordonne des ventes dans les Bois du Domaine de Verſailles, pour l'ordinaire 1738.

Du 14 May 1737.

Arreſt du Conſeil, qui ordonne l'execution des Contrats d'échange faits entre le Roy & M. le Maréchal Duc de Belle-Iſle les 2 Octobre 1718. & 27 May 1719. enſemble des Lettres Patentes du mois de Mars 1731. & de l'Arreſt du Conſeil du 23 Mars 1734. ce faiſant que M. de Belle-Iſle joüira patrimonialement & à titre d'échange non-rachetable à prix d'argent, tant des Juſtices par lui retirées que des cenſives, rentes, treiziémes & Droits en réſultans, aliennés à M. de Bouville le 12 Juillet 1674. comme faiſant partie integrante du corps du Domaine, Fiefs, Seigneurie & Juſtice de Vernon, cedés par le Roy à M. de Belle-Iſle en contre-échange de l'Iſle & Marquiſat de Belle-Iſle, par le Contrat d'échange du 2 Octobre 1718. Et attendu que leſdites Parties du Domaine de Vernon, retirées de M. de Bouville par M. de Belle-Iſle, n'ont point été compriſes dans l'évaluation comme faiſant partie des revenus utiles du Domaine de Vernon étant dans la main du Roy au jour de l'échange, ordonne que par forme de ſupplément d'évaluation dudit Domaine, Fief, Seigneurie & Juſtice de Vernon, M. de Belle-Iſle ſera chargé d'une rente ou aumône de deux cens quarante-deux livres douze ſols ſept deniers, en déduction de celle de quatre cens livres que le Roy fait aux Religieuſes Murées

Murées de Roüen, au moyen dequoi ladite Rente de quatre cens livres ne sera plus employée dans l'état des Domaines que pour cent cinquante-sept livres sept sols cinq deniers, à compter du premier Juillet 1737. que le surplus sera payé par M. de Belle-Isle annuellement, & ce pour tenir lieu au Roy de pareille somme, à quoi monte le revenu utile desdites censives, rentes & treiziéme, suivant le Terrier & Compte du Domaine de Vernon.

Des 16 & 23 May 1737.

* Sentences renduës par M. Bontemps, Chevalier, Commandeur de l'Ordre de S. Lazare & de Nôtre-Dame de Mont-Carmel, premier Valet de Chambre ordinaire du Roy, Bailly & Capitaine des Chasses de la Varenne du Louvre, portant que les Edits, Ordonnances, Declarations & Reglemens concernant les Chasses, seront executés selon leur forme & teneur; défend à toutes personnes de quelque condition qu'elles puissent être d'y contrevenir sous les peines y portées, & condamne le nommé Desfontaines en deux amendes, l'une de cinq cens livres & l'autre de cent livres, pour avoir été surpris chassant sur des Terres ensemencées, avec un cheval & des Levriers, & encore en deux autres amendes, l'une de deux mille livres, & l'autre de quatre cens livres, au payement desquelles il sera contraint jusqu'à ce qu'il ait indiqué les noms de quatre particuliers qui chassoient avec lui.

Du 21 May 1737.

* Arrest du Conseil, qui accorde un délai jusqu'au dernier Decembre 1737. pour le Controlle des Actes de foy & hommage, Déclarations & reconnoissances aux Papiers Terriers, adjudications de Bois & autres Actes passez devant les Juges, Greffiers & autres Officiers de Justice, de nature à pouvoir être faits également pardevant Notaire, & ordonne qu'à l'avenir lesdits Actes seront controllez dans les délais prescrits par les Reglemens.

Du 28 *May* 1737.

* Arreſt du Conſeil, par lequel Sa Majeſté évoque à ſoi & à ſon Conſeil, l'appel interjetté par le ſieur Jacques Begin, propriétaire du Fief d'Orgeux, mouvant du Roy, à cauſe de ſon Duché de Bourgogne, du Jugement rendu en la Chambre du Domaine de Dijon, le 4 Avril 1737. portant que ledit Begin ſera enſaiſiner ſon Titre de proprieté dudit Fief, &c. Ordonne que ledit Jugement ſera executé; en conſéquence que ledit Begin & autres propriétaires de Terres, Fiefs, Seigneuries & Heritages mouvans & tenus de Sa Majeſté, en Fief ou en roture, ſeront tenus conformément aux Edits de Decembre 1701. & Decembre 1727. & autres Reglemens, de faire enſaiſiner & controller leurs Titres de propriété & d'en payer les Droits. Ordonne en outre que les termes injurieux inſerés dans les écrits dudit Begin, contre les Receveurs Generaux des Domaines & Bois ſeront ſupprimés; lui fait défenſes de récidiver, à peine de punition exemplaire, & le condamne au couſt du preſent Arreſt, liquidé à ſoixante-quinze livres.

Du 28 *May* 1737.

* Arreſt du Conſeil, qui condamne des Religieux de l'Abbaye Royale de Nôtre-Dame de Signy, Diocèſe de Reims, à payer le Droit d'Amortiſſement de Biens de la même Abbaye, qui leur ont été cedés par leur Abbé.

Du 4 *Juin* 1737.

* Ordonnance du Roy, qui permet de faire faucher les Prez avant la Saint Jean, ſans être obligé d'en obtenir la permiſſion des Seigneurs ni des Capitaines des Chaſſes.

Du 4 *Juin* 1737.

* Déclaration du Roy, *Regiſtrée en la Cour des Aydes le premier Juillet* 1737. portant qu'à l'avenir les Receveurs Generaux des

Finances, auront sur leurs Commis aux Recettes dans les Provinces, les mêmes privileges que ceux que le Roy a sur les Charges desdits Receveurs Generaux, en vertu de l'Edit du mois d'Aoust 1669. & qu'ont les Fermiers Generaux sur les Sous-Fermiers redevables, & sur leurs Employés comptables.

Du 4 *Juin* 1737.

* Arrest du Conseil, qui ordonne que la Déclaration du 8 Janvier 1715. portant que les appellations des Jugemens rendus par les Juges-Gruyers, seront relevés aux Siéges des Tables de Marbre, sera executée ainsi que l'Ordonnance des Eaux & Forests du mois d'Aoust 1669.

Du 4 *Juin* 1737.

* Arrest du Conseil, qui ordonne qu'à l'avenir les Receveurs des amendes des Eaux & Forests, compteront dans le courant du mois de Juillet de chacune année, du recouvrement par eux fait des amendes prononcées pendant l'année précédente.

Du 4 *Juin* 1737.

* Arrest du Conseil, qui casse & annulle le Jugement du Bureau des Finances de Bordeaux du 20 Aoust 1734. par lequel le Sieur Lesparre a été déchargé du payement des Droits de Lods & Ventes de l'acquisition par lui faite le 12 Decembre 1709. de Catherine Lesparre sa Sœur; & condamne ledit Sieur Lesparre, à payer lesdits droits de Lods & Ventes de ladite acquisition.

Du 18 *Juin* 1737.

Arrest du Conseil, qui ordonne que dans les Etat au vrai & compte du prix de la deuxiéme année du Bail de Nicolas Desboves, Adjudicataire des Fermes Generales-Unies, il y sera fait Recette par *advertatur* seulement du produit pendant les six années du Bail de Pierre Carlier, précédent Adjudicataire des Fermes, fini le dernier Decembre 1732. des amendes de consignation, ensemble des Droits appartenans à Sa Majesté pour les Domaines réünis depuis le 19 Aoust 1726. lequel *advertatur* sera admis à la charge par ledit Desboves & ses Cautions d'en compter au profit de Sa Majesté; à l'effet dequoi les Sous-Fermiers & Préposés au recouvrement & Recette desdites amendes & Droits Domaniaux pendant lesdites six années, seront tenus d'en compter audit Desboves, & de lui remettre les deniers qui peuvent être entre leurs mains pour en être ensuite rendu compte au Conseil par ledit Desboves, lequel sera tenu de faire Recette du produit net qui en reviendra à Sa Majesté dans les Etat au vrai & compte de la troisiéme année de son Bail, au lieu de la seconde année portée par l'Arrest du 18 Septembre 1736. le tout sans tirer à conséquence.

Du 22 Juin 1737.

* Arrest du Conseil, qui annulle l'Article LXXXVII. du Reglement fait par le Parlement de Bordeaux le 22 Janvier 1734. en ce qu'il ordonne qu'il ne sera accordé que quatre livres par jour pour le voyage, & trois livres pour le séjour aux Gardes du Corps, Gendarmes, Mousquetaires & Chevaux-Legers, qui ne sont pas Gentilshommes. Ordonne que les voyages & séjours des Gendarmes de la Garde de Sa Majesté, qui ne sont pas Gentilshommes, seront taxés à cinq livres en séjour & six livres en voyage, comme les Nobles & Gentilshommes, conformément à l'Article XCXV. dudit Reglement.

Du 25 Juin 1737.

* Arrest du Conseil, concernant les frais de Justice à répeter sur les Communautez, qui ordonne que les Maires, Jurats, Consuls, Syndics, Receveurs ou Trésoriers & autres ayant la Régie, Administration & maniement des deniers Patrimoniaux, d'Octroy & Communs des Communautez ausquelles il appartient des Droits de Haute-Justice, & qui seront comprises dans les Rolles arrêtez au Conseil pour le recouvrement des frais de Justice indûëment pris sur les revenus du Domaine, seront contraints en leur propre & privé nom, à la poursuite & diligence

des Receveurs Generaux des Domaines & Bois au payement des sommes pour lesquelles lesdites Communautez seront comprises ausdits Rolles, sauf à eux à s'en faire rembourser par une imposition sur les habitans, en s'y faisant autoriser par l'Intendant de la Province, au cás que les revenus de la Communauté ne suffisent pas pour en acquitter les charges.

Du 25 Juin 1737.

* Arrest du Conseil, qui ordonne que les appels des Sentences des Maîtrises, ainsi que les Jugemens qui interviendront sur iceux, portant décharge ou moderation d'amende, seront signifiez aux Collecteurs des amendes, à peine de payer les frais qui auront été faits contre les Parties par lesdits Collecteurs, faute de leur avoir fait faire lesdites significations dans le temps prescrit par l'Article V. du Titre VI. de l'Ordonnance des Eaux & Forests du mois d'Aoust 1669.

Du mois de Juillet 1737.

* Ordonnance de Louis XV. Roy de France & de Navarre, *registrée en Parlement le 11 Decembre 1737.* concernant le Faux principal & Faux incident, & la reconnoissance des Ecritures & signatures en matiere criminelle, *contenant trois Titres, le premier composé de 69 articles, le second de 53. & le dernier de 20.*

Du 2 Juillet 1737.

Arrest du Conseil, qui ordonne l'execution de la contrainte décernée contre le sieur René de Combles, demeurant en la Ville de Guerande, par le Directeur des Domaines à Rennes, à la Requeste de Nicolas Desboves, Adjudicataire des Fermes Generales-Unies, & en conséquence que ledit Sr de Combles sera tenu de payer audit Desboves ou à son préposé, la somme de cinq mille deux cens cinquante livres, qu'il doit pour cinq années d'arrerages, échûes au 4 Septembre 1736. d'une rente de mille cinquante livres, qu'il a consentie être faite au Domaine, & qui a été agréée par Arrest du Conseil du 4 Septembre 1731. pour être maintenu dans la possession & joüissance des Domaines de Guerande, Croyes & dépendances, & le condamne au coust de l'Arrest liquidé à soixante livres.

Du 9 Juillet 1737.

* Arrest du Conseil, qui ordonne l'execution de la Déclaration du Roy du 9 Mars 1709. & que conformément à icelle, les trois sols pour livre attribués aux Receveurs & Controlleurs des Epices & Vacations, seront payés de toutes les vacations & Droits attribués à Messieurs les Lieutenans Civil, Criminel, & à M. le Procureur du Roy du Châtelet de Paris.

Du 16 Juillet 1737.

Arrest du Conseil, qui évoque à icelui l'opposition formée à l'enregistrement au Bailliage de Vernon, de l'Arrest & Lettres Patentes des 14 & 17 May de la même année, concernant l'échange fait entre le Roy & M. le Maréchal de Belle-Isle, & les Droits de franc-Aleu & de franc-Bourgage, dont plusieurs Habitans dudit Bailliage se prétendent exempts.

Du 16 Juillet 1737.

Arrest du Conseil, qui évoque à icelui l'opposition formée par la Dame veuve & héritiers du sieur Savary, Grand-Maître des Eaux & Forests au Département de Roüen, à l'Enregistrement au Parlement de Normandie de l'Arrest & Lettres Patentes des 14 & 17 May précédent, rendus en interprétation du Contrat d'échange fait entre le Roy & M. le Maréchal de Belle-Isle.

Du 16 Juillet 1737.

* Arrest du Conseil, qui fait défenses aux Officiers de Police de la Ville de Provins, de prendre connoissance des matieres d'Eaux & Forests, & de ce qui concerne le curement des rivieres & ruisseaux qui traversent ladite Ville, à peine de cinq cens livres d'amende, & de tous dépens, dommages & interests.

Du mois d'Aoust 1737.

* Ordonnance de Louis XV. Roy de France & de Navarre, *registrée en Parlement le* 11 *Decembre* 1737. concernant les évocations & les Reglemens de Juges; portant Article XXI. du Titre I. que les Causes ou Procès, tant civils que criminels, pendans aux Cours des Aydes, à l'occasion des Fermes du Roy & l'execution des Baux, circonstances & dépendances, même tous Procès des Fermiers en nom collectif, ou des Adjudicataires des Fermes, contre leurs Commis en matiere civile ou criminelle, ne pourront être évoqués sur les Parentés ou alliances des Officiers des Cours des Aydes, avec aucuns des Interessés esdites Fermes en quelque dégré que ce soit; le tout sans préjudice des évocations du chef de ceux desdits Interessés ou de leurs Commis, qui seroient parties en leur propre & privé nom, & pour un interest autre que celui des Fermes.

Du 6 Aoust 1737.

* Arrest du Conseil, qui casse plusieurs Ordonnances des Officiers du Bailliage de Beaujollois, par lesquelles ils s'attribuoient la connoissance des matieres des Eaux & Forests, concurremment avec ceux de la Maîtrise; maintient les Officiers de ladite Maîtrise dans le Droit de connoître seuls de toutes les contestations & faits concernant les Eaux & Forests, Pesches & Chasses, circonstances & dépendances, & défend aux Officiers dudit Bailliage & à tous autres de les y troubler.

Du 9 Aoust 1737.

* Arrest de la Cour de Parlement, portant reglement en faveur des Fermiers des Coches, Carosses & Messageries, qui leur confirme le droit de la conduite & translation des Prisonniers, Procès civils & criminels, à l'exclusion de tous autres.

Du 20 Aoust 1737.

* Arrest du Conseil, qui casse & annulle un partage fait entre le Seigneur de Vernot & les Habitans dudit lieu, des Bois Communaux desdits Habitans, sauf audit Seigneur de Vernot à se pourvoir pour obtenir son triage dans lesdits Bois, s'il y a lieu, ainsi qu'il est prescrit par l'Ordonnance des Eaux & Forests du mois d'Aoust 1669. & condamne Bernard Cambu, Arpenteur de la Maîtrise de Dole, en cent livres d'amende, pour avoir procedé audit partage sans commission ni autorité, avec défenses audit Cambu de recidiver sous plus grande peine & aux Arpenteurs des autres Maîtrises de faire de pareils partages sous quelque prétexte que ce soit, à peine d'interdiction & de mille livres d'amende.

Du 23 Aoust 1737.

* Arrest de la Cour des Aydes, portant Reglement en faveur des Fermiers des Coches, Carosses & Messageries, qui leur confirme le Droit de la conduite & translation des Prisonniers, Procès civils & criminels, à l'exclusion de tous autres, aux peines y portées.

Du 28 Aoust 1737.

* Arrest de la Cour du Parlement, portant défenses à tous Portiers & autres Domestiques préposés à la garde des Portes, d'exiger ni recevoir aucune somme pour les significations qui leur seront laissées, avec injonction de recevoir lesdites significations, sous telles peines qu'il appartiendra.

Du 7 Septembre 1737.

* Arrest de la Cour de Parlement, qui décharge les Sieurs le Fevre, Maître particulier, & Guidot, Garde-Marteau de la Maîtrise de Chaumont, *du Veniat* contre eux prononcé par une Sentence de la Table de Marbre de Paris du 11 May 1737. qui est mise au néant; avec défenses aux Juges de la Table de Marbre de donner à l'avenir de pareils *Veniat.*

Du

Du 10 *Septembre* 1737.

Arrest du Conseil, qui ordonne qu'à la diligence de Nicolas Desboves, Adjudicataire des Fermes Generales-Unies, il sera incessamment procedé, en la maniere accoûtumée & conformément à l'Ordonnance de 1681, au plus offrant & dernier encherisseur, à l'Adjudication des Domaines de la Principauté d'Orange, qui sera faite pour le tems de sept années, qui commenceront au premier Novembre 1738. & finiront au même jour 1745.

FIN.

www.ingramcontent.com/pod-product-compliance
Lightning Source LLC
LaVergne TN
LVHW052038160826
845678LV00003B/1416

* 9 7 8 2 3 2 9 6 1 9 5 6 9 *